Hannah Valentin

50 gute Gründe, sich heute wohl zu fühlen

Hannah Valentin

50 GUTE GRÜNDE

... sich heute wohl zu fühlen

HERDER FREIBURG · BASEL · WIEN

Jeder weiß aus seiner Kindheit, welch wunderbares Gefühl es ist, getragen zu werden. Auch als Erwachsene kann ich mich von vielen Dingen getragen fühlen: von Gedanken, von Empfindungen, von den Elementen, von einem Gespräch, einer Liebe oder einer Freundschaft. Zeiten der Schwäche werden dadurch erträglicher. Probleme verlieren an Schärfe. Wenn ich mich von Gott und der Welt verlassen glaube, bemühe ich mich um dieses Gefühl wie um einen geliebten Menschen.
Sich getragen zu fühlen eröffnet der Phantasie nie gekannte Spielräume. Es verleiht mir Großmut im Umgang mit mir selbst und anderen. Es stimmt mich milde, wo ich sonst hart werde. Deshalb erscheint es mir manchmal wie die Erfüllung all meiner Sehnsüchte.

Wie sehr genieße ich die Tage, die mir beim Aufwachen schon heiter zublinzeln. Der Nachhall wunderbarer Träume stimmt mich fröhlich und zuversichtlich; eine seltene Sanftmut glättet alles Rauhe und Widerborstige an mir, das ich sonst ungeduldig attackiere. Dieses Glück, einen Tag lang in mir selbst zu ruhen, verdanke ich einer Nacht, die Sorgen, Ängste, Anfechtungen von mir abfallen ließ. Die mir erlaubte, mich „rein" zu schlafen wie ein Kind, das sich geborgen weiß in seinen Träumen.
Bis heute bin ich mir nicht klar, was diesen nächtlichen Reinigungsprozeß in Gang setzt, geschweige denn, wie ich ihn auslösen könnte. Er vollzieht sich so willkürlich, wie eine Sternschnuppe vor meinen Augen niedergeht. Der Schlaf steht nicht in meiner Macht. Und doch bin ich der festen Überzeugung, daß er es gut mit mir meint.

Wohlbefinden kann sich auf vielfältige Weise äußern: als Wärme, als Leichtigkeit, als Unbeschwertheit oder als Schauer, der mir über den Rücken jagt. Eines ist all diesen Empfindungen gemeinsam: Sie entstehen durch Loslassen, dadurch, daß ich meinem Inneren die Freiheit schenke, die es braucht. Jeder von uns hat weite, lichtdurchflutete Räume in sich, in denen die Großzügigkeit wohnt, aber auch enge, dunkle Kammern, in denen Kleinmut sich eingenistet hat. Um diese würden wir am liebsten einen großen Bogen schlagen, täten sie uns nur den Gefallen, unser Wohlbefinden nicht immer wieder empfindlich zu stören. Es hilft nichts: Wir müssen sie öffnen! Wir müssen uns anschauen, was das Dunkel verbirgt. Denn loslassen können wir nur das, was wir zuvor kennengelernt haben.

Der erste Sonnenstrahl nach langen Regentagen ist eine Quelle reinsten Glücks. Wie fiebere ich dann danach, mein Büro zu verlassen und hinauszulaufen in dieses gleißende Licht, das meine Haut so angenehm wärmt und schlagartig alles Dunkle aus meinem Innern vertreibt. Welches Wohlgefühl durchströmt mich, solange dieses Glück noch jung ist, sein Glanz noch frisch. Es ist der stetige Wandel, der in uns die Sehnsucht nach dem ganz anderen wachsen läßt, und es ist die Sehnsucht, die mit dem Vergehen in Freude umschlägt.
Entbehrung und Glück verhalten sich zueinander wie Ebbe und Flut. Daß wir uns wohl fühlen können, verdanken wir diesem Rhythmus, einem Rhythmus, der uns Zeit unseres Lebens begleiten wird.

Hätte meine Wunschuniversität im Norden mich nicht abgelehnt, wäre ich nie in dieser Stadt gelandet; und wäre ich nicht damals in genau diese winzige Studentenbude gezogen, hätte ich den interessanten jungen Mann, der an Sommerabenden auf dem Balkon gegenüber saß, wohl nie kennengelernt – geschweige denn geheiratet. Und daß die Frau, die an einer Kreuzung krachend in mein erstes Auto fuhr, später meine beste Freundin werden würde, konnte ich damals auch nicht ahnen. Daß mein Leben so ist, wie es ist, verdanke ich all diesen kleinen und großen Zufällen. Als sie geschahen, als ich diese oder jene Entscheidung traf, war mir ihre Tragweite nicht bewußt. So können aus dem grauen, scheinbar wertlosen Rohmaterial unseres Alltags unversehens aufregende, funkelnde Geschichten entstehen, die unser ganzes Leben verändern – in jedem Moment, an jedem Tag.

Wenn ich mich wohl fühlen möchte, muß ich Freundschaft mit meinem Körper schließen. Ihm keine Höchstleistungen abverlangen, nur um vielleicht irgendwann einem fragwürdigen Ideal zu entsprechen. Ihn nicht aus Modegründen in Kleider zwingen, die zwicken oder zu eng sind. Mich nicht ständig mit anderen vergleichen, die mir schöner, schlanker, attraktiver erscheinen als ich. In meinem Körper bin ich geboren. Seine Unvollkommenheit ist meine Unvollkommenheit. Er wird sich verändern, ob ich will oder nicht. Muskeln werden erschlaffen, Falten sich tiefer eingraben. Sie erzählen davon, daß Dinge mir nahegegangen sind. In meinem Körper spiegelt sich mein Leben. Warum sollte ich dagegen ankämpfen?

Mitten am Tag lege ich mir manchmal die Hand auf den Bauch, um die Wärme, die im Sonnengeflecht unter meiner Haut pulsiert, zu spüren. Nichts kann mir deutlicher vermitteln, ob ich entspannt oder verkrampft bin, ob eine Faust meine Eingeweide zusammenpreßt oder die Energie frei fließen kann. Diese Berührung setzt mich nicht nur ins Bild über meinen momentanen Zustand, sie gibt meinem Körper auch den Impuls, seine Verkrampfungen zu lösen, Wohlbehagen zuzulassen und zu genießen. Wie von selbst werden meine Atemzüge tiefer und tiefer. Schon wenige Minuten später fühle ich mich gestärkt genug, den Anforderungen des Alltags mit neuer Kraft zu begegnen.

Sich wohl fühlen unterscheidet sich von glücklich sein nur graduell. Ist Glück das wilde Segeln auf schaumgekrönten Wellenkämmen, so ist Wohlgefühl das gleichmäßige Dahingleiten auf einem ruhigen, klaren Fluß. Ein Beobachter würde dieses Gleiten vielleicht als anmutig, still und gelassen beschreiben, als leises, unaufgeregtes Glück, und wollte er dafür einen anderen Begriff finden, so fiele ihm sicher ein einziges Wort ein: Harmonie. Wann und wo immer wir uns wohl fühlen, spüren wir ein Gleichgewicht der Kräfte – ein Energiefeld, das uns wie ein schützender Mantel umgibt und stark genug ist, selbst Blitz und Donner abzuhalten. Ein fernes Wetterleuchten am Horizont? Was kann es mir anhaben, da ich sein Farbenspiel gelassenen Auges bewundern kann?

Der Alltag der meisten Menschen nimmt herzlich wenig Rücksicht auf ihr Wohlbefinden. Erfolgs- und Konkurrenzdruck lasten auf ihren Schultern und ersticken nicht nur alles, was zu einem erfüllten Arbeitsleben beiträgt – schöpferische Gedanken, kreative Gespräche, den entspannten Umgang mit Kollegen – sie drohen mit der Zeit sogar das Bedürfnis danach zu unterwandern. Die Gefühle, die damit einhergehen, kennt jeder von uns: Unzufriedenheit, Rastlosigkeit, Beklemmungen oder gar Angstzustände. Wann immer möglich, sollten wir aus diesem Teufelskreis auszubrechen suchen: die Augen schließen und sich einen Ort ausmalen, an dem wir uns ganz in unserem Element fühlen, dem Atem lauschen, um ihn frei zu lassen, sich auf die Empfindung von Ganzheit besinnen, die uns in Augenblicken des Glücks erfüllt. Wir haben nur dieses eine Leben – und keine Zeit, es zu vergeuden.

Manche Menschen vermitteln uns durch ihre bloße Anwesenheit ein Wohlgefühl, das sich auf alles, was wir tun, niederschlägt. Mag es an ihrer Stimme, ihren Worten oder ganz einfach an ihrer Aura liegen – sie scheinen so in sich zu Hause zu sein, daß ihre Zufriedenheit sich ganz von selbst auf ihre Umgebung überträgt. Wie glücklich können wir uns schätzen, solche Menschen um uns zu wissen und von ihnen lernen zu können: daß im Leben nicht das Was, sondern das Wie zählt, daß Handeln im Einklang mit sich selbst erstrebenswerter ist als schneller Erfolg oder kurzes Glück ...
Jeder von uns weiß intuitiv, was das Beste für ihn ist.
Lassen wir zu, daß dieses Wissen sich entfaltet!

Der Weinhändler, bei dem ich Stammkundin bin, erzählt zu jeder Weinsorte, die er mich probieren läßt, eine Geschichte. Mal führt er mich in riesige Kellergewölbe mit uralten Fässern, mal in Weinberge, in denen sich der Geruch reifer Trauben mit dem einer Meeresbrise mischt. Dabei dreht er die ganze Zeit sein Glas in der Hand, um in einer Erzählpause einen kleinen Schluck zu nehmen. Dann trinke ich mit ihm. Und statt irgendeinen Wein irgendeines Weingutes koste ich plötzlich die feuchte Kühle alter Gemäuer, die ganze Palette des südlichen Sommers ... Dieser Weinhändler versteht es meisterhaft, aus einer für ihn alltäglichen Handlung ein Fest der Sinne zu machen und andere daran teilhaben zu lassen. In der Kunst zu leben hat er es weit gebracht – eine Kunst, die auszuüben jeder von uns Talent besitzt.

Eine Stunde am Tisch mit Freunden ist ein Lebensjahr, das wir dazugewinnen", sagt ein italienisches Sprichwort – und meint damit die Energie, die uns nur aus dem Austausch mit Menschen, die wir mögen, erwachsen kann. Gemeinsam zu essen, ernste oder weniger ernste Dinge miteinander zu besprechen, zusammen zu spielen und zu lachen, all das vertreibt Melancholie oder Unbehagen und kann uns sogar Schmerzen für eine Weile vergessen machen. Nichts ist so wichtig für mein eigenes Wohlbefinden wie das Gefühl, so, wie ich bin, geliebt zu werden, und wer könnte mir dieses Gefühl besser vermitteln als meine Familie und meine Freunde? Und so versammeln wir uns von Zeit zu Zeit um irgendeinen Tisch – um zu essen, ernste und weniger ernste Gespräche zu führen, zu spielen und zu lachen ...

Ich sitze im Konzert und lausche einer Sinfonie. Obwohl ein anstrengender Tag hinter mir liegt, zieht die Musik mich immer mehr in ihren Bann. Wie auf die meisten Menschen wirkt sie so unmittelbar auf mich, daß sie körperliche Reaktionen hervorruft, die den Klangqualitäten genau entsprechen: Erzeugt schon die kleinste Dissonanz Spannung, lösen Harmonien hingegen Gefühle von Erfüllung und Sättigung aus. Ein Paukenschlag vibriert in meinem Magen, ein Geigensolo weitet meine Brust.
Es ist nicht schwierig, seinen Hunger nach Klang im Alltag zu stillen und dabei die „Zutaten" genau auf die eigenen Bedürfnisse abzustimmen.

Wohlgefallen und Wohlgefühl treffen sich im Begriff der Schönheit. In der Renaissance zum Beispiel versuchte man die Teile eines Kunstwerkes so aufeinander abzustimmen, daß das Ganze intuitiv als schön erfaßt wurde. Selbst wenn Schönheit für jeden Menschen etwas anderes bedeutet, liegt in diesem Gedanken eine tiefe psychologische Wahrheit. Wird das Wohlgefallen, das sich beim Betrachten eines Bildes oder beim Betreten eines Gebäudes auf Anhieb einstellen kann, nicht immer von einem Wohlgefühl begleitet, das uns spontan in Entzücken versetzt? Schönheit bietet einen sehr verläßlichen Anlaß, sich wohl zu fühlen, und es ist beruhigend zu wissen, daß sich jeder von uns aus ebendiesem Grund ganz instinktiv mit schönen Dingen zu umgeben sucht.

Wie wichtig es ist, sich wohl zu fühlen, wird mir oft erst bewußt, wenn es mir nicht gutgeht. Ob mich ein Kummer oder eine Krankheit quält, auf einmal beherrscht ein Mangel Körper und Seele. Er möchte mich in seinen Bann ziehen, droht jedes Aufkeimen von Freude zunichte zu machen – wenn ich es nicht schaffe, seinen Fängen zu entkommen, den Blick auf das zu lenken, was mir Kraft und Optimismus schenken kann: ein aufmunterndes Wort, ein heißes Bad oder auch ein Buch oder eine Tasse heißen, aromatischen Tees. Meist weiß mein Körper ganz genau, was ihm fehlt, und gibt mir entsprechende Zeichen.
Mit Liebe und Geduld im Umgang mit mir selbst gelingt es mir, sie zu entschlüsseln und die richtige Antwort auf sie zu finden.

Eine Hand, die meine Wange streichelt. Ein Augenpaar, das mich liebevoll anblickt. Dämme bersten, und Mauern stürzen ein. So mag ein Tag beginnen, so mag er enden. So ist ein Tag, an dem ich wacher durch die Welt gehe, empfindsamer für Glück und Schmerz, bereiter als sonst, in Gesichtern zu lesen und mich von dem, was ich sehe, berühren zu lassen. Eine Hand an meiner Wange reicht aus, um das Licht weicher und die Töne satter zu machen. Um diesen einen, niemals wiederkehrenden Tag wahrhaftiger zu leben.

Der Himmel hat seine Schleusen geöffnet. Wir sitzen am Frühstückstisch, die Balkontür weit offen. Eine frische, kühle Brise dringt herein, und irgendwo spielt jemand Klavier. Nach all den heißen, trockenen Sonnentagen ist dieser Sommerregen wie eine Erlösung. Die Hitze gibt uns aus ihrer Umklammerung frei. Selbst die Erde scheint aufzuatmen. Dampfwolken stieben empor. Mit einem Mal scheint alle Trägheit aus der Natur verflogen. Wie entfesselt prasselt der Regen nieder. Dieses Fest müssen wir mitfeiern! Wir laufen hinaus wie Verdurstende, Sekunden später kleben die Kleider an unserer Haut, und wir fühlen uns glücklich wie lange nicht mehr ...

Beobachtet man junge Hunde oder Katzen dabei, wie sie übermütig herumtoben und die tollsten Kapriolen vollführen, bekommt man eine Ahnung davon, daß die Menschheit auf ihrem Weg in die Zivilisation auch etwas verloren hat. Nur Kinder scheinen noch die natürliche Gabe zu haben, sich in völligem Einklang mit ihrem Körper zu bewegen; Erwachsene müssen sich diese Fähigkeit oft mühselig zurückerobern. Westliche wie östliche Gesellschaften haben dafür vielfältige Hilfsmittel erfunden: Sport, Tanz, Körpertherapien oder Yoga, um nur einige zu nennen. Es ist vielleicht nicht unbedingt nötig, sich regelmäßig solchen Übungen zu unterziehen. Ein gewisser Grad an Körperbeherrschung trägt aber wesentlich zu meinem Wohlbefinden bei. Wenn ich ein Gespür dafür habe, was ich meinem Körper zumuten kann und was nicht, laufe ich kaum Gefahr, mich zu verletzen oder mir durch Ungeschicklichkeit Schaden zuzufügen.

In der Nähe meines Büros gibt es einen kleinen Park mit Rosenbeeten und Gewächshäusern, in dem ich häufig meine Mittagspause verbringe. Manchmal scheint es mir, als nickten mir die Blüten bei meinen Wanderungen zu wie einer alten Bekannten. Im Sommer schenken sie mir ihren Duft und ihre flammenden Farben, im Herbst das warme Rostrot ihrer Blätter, und im Winter erinnern sie mich unter ihren Schneemützen an die Notwendigkeit, sich von Zeit zu Zeit ganz in sich selbst zurückzuziehen. Sobald ich diesen Garten betrete, fallen Ärger und Aufregung von mir ab. Die Welt kommt wieder ins Gleichgewicht.

Kürzlich unterhielt ich mich mit einer Freundin, deren Beruf sie um die ganze Welt führt. Während sie erzählte, begannen sich in meinem Innern farbenprächtige Bilder zu formen, und manchmal blitzte Neid in mir auf, daß meiner Welt so viel engere Grenzen gesetzt sind. Dann aber sprach sie von einer Fremdheit, die sie selbst zu Hause nicht mehr losließ, weil nichts Vertrautes sie mehr umgab. Längst hatte sie ihre Möbel verkauft. Doch manchmal sind es gerade Dinge wie ein altes Sofa oder ein Schrank, die uns ein Gefühl von Zuhause vermitteln. Sie gehören zu uns wie unsere Erlebnisse. Verlieren wir sie – unser „eigenes Reich" – als Ruhepol und Rückzugsort, verlieren wir zugleich eine Quelle der Kraft und des Wohlbefindens. Deshalb bin ich froh, immer wieder nach Hause zurückkehren zu können.

Ich staune immer wieder darüber, mit welchem Interesse meine Kinder an verregneten Sonntagen in alten Familienalben blättern. Inzwischen kennen sie jedes Gesicht, jede Gestalt: ihre Urgroßmutter als junges Mädchen im Rüschenkleid, an einen Apfelbaum gelehnt und verträumt in die Ferne blickend, als wäre dort jeden Moment der Märchenprinz zu erwarten, der verschrobene Großonkel, der eines Tages mit einem Zirkus davonzog, und ich, die als Dreiradfahrerin eben noch verwegen um den Nierentisch brauste, um im nächsten Album schon als junge Mutter auf dem Sofa zu posieren. Wahrscheinlich vermitteln diese Bilder auch meinen Kindern noch das wunderbare Gefühl, einen sicheren Ort in der Zeit zu haben, umgeben von Menschen, die vor und nach einem auf den gleichen Wegen gehen und ihre Erinnerungen weitergeben wie einen Schatz, von dem man zehren kann, solange man lebt.

Unzufriedene Menschen antworten auf die Frage, wie es ihnen geht, oft mit einem „Ach, es geht mir überhaupt nicht gut ...“ und schildern dann detailliert und eloquent die Gründe für ihr schlechtes Befinden. Tapferen Versuchen, ihre Argumentationskette zu durchbrechen, widerstehen sie stoisch, ja fühlen sich davon zu weiteren Klageliedern herausgefordert.

So sehr ich solche Menschen bedauere, so wütend machen sie mich auch. Ihr stures Pochen auf das Unglück trübt ihren Blick für alles Schöne, das sie umgibt, und macht es denen, die mit ihnen zusammenleben und sie gern haben, unmöglich, wirklich Zugang zu ihnen zu finden. Als Freundin bleibt mir nur das Wohlwollen – und die Hoffnung, daß eines Tages das Wunder grenzenlosen Glücks sie überkommt.

Wenn der Novemberregen mir die Kälte bis ins Mark treibt und die Natur nichts anderes im Sinn zu haben scheint, als jedes Wohlgefühl im Keim zu ersticken, male ich mir aus, wie ich die Wärme zu mir zurücklocken werde: Wasser wird in meine Wanne strömen und mich umhüllen wie seidiges Vlies, Schweißtröpfchen werden sich auf meinem Gesicht bilden und mir vorgaukeln, draußen erwarte mich ein heißer Sommertag ... Mein Körper entkrampft sich, die Glieder werden schwer, und die Gedanken nehmen Abschied von allem Unangenehmem. Manchmal hilft es, die Natur zu überlisten, um wieder zu sich selbst zu kommen.

Seit ich entdeckt habe, daß ein unruhiges, verstimmtes oder verzagtes Gemüt sich nicht nur durch strenge Selbstermahnungen oder aufmunternde Selbstgespräche aufhellen läßt, sondern auch und viel besser auf dem Umweg über die Sinne zu erreichen ist, nutze ich meine Erkenntnis hemmungslos aus: Ich habe Kissen in den sonnigsten Gelbtönen in der Wohnung verteilt, eine eindrucksvolle Muschelsammlung in blaßblauen Gläsern steht im Bad und erinnert mich schon morgens an wunderbare Tage am Meer, eine Auswahl von Aufnahmen italienischer Opern liegt bereit, um nach einem langen Arbeitstag den Feierabend einzuläuten, und auf der Terrasse verströmen jeden Sommer Kübel mit Thymian, Lavendel und Rosen ihren starken, tröstlichen Duft. Wie wohltuend, daß es keine Worte und Gedanken braucht, um einzuschwingen in die Harmonie, auf der alles beruht …

Negative Gefühle wie Angst, Wut, Unruhe legen uns Fesseln an; sie zwingen uns dazu, uns mit ihnen zu beschäftigen. Da wir oft nicht wissen, wie wir ihnen begegnen sollen, umkreisen wir sie immerfort mit unseren Gedanken oder beginnen, sie zu bekämpfen. Beides führt dazu, daß sich ihre Fesseln nur noch enger um uns schlingen – bis sie uns irgendwann die Luft abschnüren. Den Kampf gegen das Unangenehme, Ungeliebte in uns selbst können wir niemals gewinnen. Gefühle lassen sich nicht niederringen. Wenn wir es gut mit uns meinen, lassen wir sie frei – auch auf die Gefahr hin, daß wir uns dann von einer Seite kennenlernen, die uns wenig liebenswert erscheint. Doch Wut vergeht, wenn sie zum Ausbruch kommt. Unruhe legt sich, wenn ich ihr nachgebe. Und Angst verflüchtigt sich, sobald ich ihr Raum lasse.

So wie ich manches an mir nicht mag, fehlt mir anderes, was ich gerne hätte. Bin ich wütend, mangelt es mir an Gleichmut oder Humor, fühle ich mich schlapp, vermisse ich die Tatkraft, verhalte ich mich kleinlich, ist mir Großzügigkeit unmöglich. Ein Teufelskreis? Manchmal scheint es tatsächlich so. Zum Glück jedoch pocht mein Optimismus auf ausgleichende Gerechtigkeit und führt mir bei solchen Tiraden vor Augen, daß auch positive Eigenschaften und Verhaltensweisen einander verstärken können. Ich mag an mir, daß ich über vieles lachen kann und das Lachen mich fröhlich macht. Ich freue mich, wenn mir Ideen im Kopf herumspuken und meine Phantasie beflügeln ...
Ausgeglichenheit ist eine der besten Voraussetzungen für seelisches und körperliches Wohlbefinden. Solange ich nicht in den Sog negativer Gedankenketten gerate, brauche ich mir um mich keine Sorgen zu machen.

Ich fühle mich wohl in meiner Haut", sagen wir, wenn es uns rundum gut geht, oder „Ich fühle mich ganz in meinem Element". Beide Redensarten speisen sich aus einer ähnlichen Erfahrung: dem Gefühl, mit sich und der Welt im Einklang zu sein. Der Haut kommt dabei – nicht nur symbolisch – eine wichtige Rolle zu. Wie ein Seismograph registriert sie jede Berührung und wandelt sie in eine Empfindung um. Allerdings achten wir nur selten auf das, was die Haut uns mitzuteilen hat. Wir hüllen sie ein oder versuchen gar, ihr eine Rüstung anzulegen, uns zu panzern. Doch um mich wohl fühlen zu können, müssen meine Poren durchlässig bleiben. Ich muß mir erlauben, mich selbst zu spüren, darauf achten, was mich berührt und wie es mich berührt. Nur dann wird mir überhaupt die Erfahrung zuteil werden können, was es

Wer kennt es nicht, dieses Gefühl von Fremdheit, wenn man zum ersten Mal in einem neuen Büro sitzt oder ein Hotelzimmer betritt. Kein vertrauter Geruch liegt in der Luft, nichts an diesem Ort ist durch Gewohnheit geprägt.

Ich habe mir angewöhnt, mir unvertraute Räume anzueignen, indem ich beispielsweise den Schreibtisch ein wenig verstelle, so daß das Licht besser fällt, den Stuhl verrücke oder das Buch, das ich gerade lese, auf den Nachttisch lege. Sobald ich diese nüchternen Einrichtungsgegenstände berühre und nach meinen Bedürfnissen verändere, habe ich das Gefühl, einen Ort bereits zu bewohnen.

Vielleicht müssen wir Menschen wie Hunde überall kleine „Duftmarken" hinterlassen, um mit einer fremden Umgebung vertraut zu werden.

Ich kann die Welt als Wüste sehen und mich als durstigen Wanderer, der sich von Oase zu Oase quält. Ich kann sie als Ozean sehen, auf dem ich irgendwann Schiffbruch erleiden werde. Ich kann sie aber auch als Garten betrachten, in dem unscheinbare, farbenfrohe, seltene und alltägliche Pflanzen wachsen. Es liegt an mir, diesen Garten so zu gestalten, daß ich mich in ihm wohl fühle. Überlasse ich ihn den Elementen, wird er bald seiner Vielfalt beraubt sein und im Unkraut ersticken. Greife ich zu stark in seine Entwicklung ein, wird er verkümmern.
Um die in ihm schlummernde Pracht zur Entfaltung zu bringen, muß ich ihn formen und zugleich wuchern lassen, ohne ihm je meinen Willen aufzuzwingen. So wird er Tag für Tag Überraschungen für mich bereithalten – kleine, große, kostbare Überraschungen.

Manchmal packt mich ein unbezwingbarer Bewegungsdrang. Aus Erfahrung weiß ich, daß es am besten ist, ihm nachzugeben: zu laufen, bis nichts mehr in mir laufen möchte, ein Beet umzugraben, bis es einem Acker gleicht, die Kraft meiner Muskeln zu spüren und zu vergeuden ...
Es ist das Spiel mit meinen Grenzen, das Bedürfnis, mir meine Vitalität zu beweisen, und die damit einhergehende Genugtuung, daß seelischer Ballast von mir abfällt, die mich dazu treiben, mich bis zur körperlichen Erschöpfung anzustrengen. Es tut mir gut, zu spüren, wie meine Kraft sich allmählich erschöpft und anderen Bedürfnissen Platz macht, denen nachzugeben mir nicht weniger wohltut. Häufig falle ich danach in einen tiefen, erholsamen Schlaf, und wenn ich erwache, fühle ich mich wie neu geboren.

Der buddhistische Lehrer Thich Nhat Hanh sagte einmal: „Die Spuren einer schlimmen Dürre können nur durch reichlich strömenden Regen verwischt werden, und Regen kann nur im gegenwärtigen Augenblick fallen." Zeiten der Dürre, in denen wir nach Erfolg, Liebe oder Gesundheit dürsten oder nicht wiedergutzumachende Fehler begehen, gibt es in jedem Leben. Sie sind Teil der eigenen Geschichte, und als solche sollten wir sie auch akzeptieren. Die Fehler der Vergangenheit lassen sich nicht dadurch ungeschehen machen, daß wir tagtäglich mit uns hadern. Wünsche werden nicht deshalb erfüllt, weil sie uns so am Herzen liegen. Irgendwann müssen wir von ihnen ablassen und in die Gegenwart zurückkehren. Nur so geben wir der Lebensfreude eine Chance.

Manchmal ertappe ich mich bei wortreichen Erklärungen, warum ich mich gerade nicht wohl fühle: weil es regnet, weil jemand mich angepflaumt hat, weil mir die Arbeit über den Kopf wächst, weil ... Der umgekehrte Fall kommt selten vor, als wäre es eine Selbstverständlichkeit, daß es mir gutgeht. Ist es das wirklich? Ist die Fähigkeit, mich wohl fühlen zu können, nicht vielmehr ein Geschenk, für das ich mich dankbar zeigen, dem ich Respekt und Beachtung zollen sollte? Und würde dies sich nicht wiederum positiv auf mein Wohlbefinden auswirken? Probieren wir es aus: Ich fühle mich wohl, weil der Regen warm und köstlich ist, weil ich es geschafft habe, freundlich zu antworten, weil ich ein Projekt erfolgreich abgeschlossen habe ...
Ein Blinzeln genügt, um die Perspektive zu wechseln.

Wer üben möchte, sich wohl zu fühlen, geht am besten bei einer Katze in die Lehre. Denn Katzen haben, so scheint es, das Wohlfühlen zum Daseinszweck erkoren. Mit schlafwandlerischer Sicherheit finden sie das weichste Kissen, den heimeligsten Unterschlupf, den allerbesten Aussichtsplatz. Sie besitzen die beneidenswerte Fähigkeit, es sich in jeder Lebenslage so bequem wie möglich zu machen, ihre Energie punktgenau zu konzentrieren, nicht ein Fünkchen davon zu verschwenden. Katzen sind ohne Frage Lebenskünstler – Hedonisten ohne Reue, Faulpelze aus Leidenschaft. „Von Katzen lernen heißt liegen lernen", sagte Robert Gernhardt einmal. Sollten wir ihn nicht einfach beim Wort nehmen?

Zum Wohlfühlen gehört unbedingt die Begabung, vergessen zu können. Wie kann ich erwarten, daß sich Wohlgefühl einstellt, wenn ich alles, was mich ärgert und verletzt, hingebungsvoll sammle und dann allabendlich im Museum meiner Kränkungen kummervoll vor den Vitrinen stehe? Aber wenn es mir gelingt, das, was geschehen ist und sich nicht mehr ändern läßt, gelassen dem Strom der Zeit anzuvertrauen, kann ich meine Sorgen und Traurigkeiten auf seinen Wellen davontanzen sehen wie Papierschiffchen. Wenn sie nicht bald schon sinken, wird die Zeit sie irgendwo hinter dem Horizont weiter bis ins Meer tragen. Doch dann werde ich längst nicht mehr wissen, daß es sie gab ...

Die Prinzessin auf der Erbse beschäftigte einen ganzen Hofstaat mit ihren Empfindsamkeiten. Liegt darin nicht etwas ungeheuer Anziehendes? Die Vorstellung, andere läsen mir die Wünsche von den Augen ab und setzten alles in Bewegung, um sie zu erfüllen, hat mir schon als Kind gefallen. Allerdings wäre ich mit dieser Maxime nicht allzuweit gekommen im Leben. Wie die meisten Menschen mußte ich frühzeitig lernen, mich mit den Umständen zu arrangieren. Das bedeutete auch zu begreifen, daß Zufriedenheit und Wohlbehagen proportional zu meinen Ansprüchen wachsen oder schrumpfen. Wenn alles um mich herum perfekt sein muß, damit ich mich wohl fühlen kann, wird dieses Glück mir, wenn überhaupt, höchst selten zuteil werden. Bin ich jedoch bereit, den Reiz des Unvollkommenen auf mich wirken zu lassen, wird es mich häufig begleiten.

Möchte ich einem Menschen, den ich gern habe, einen besonderen Glückwunsch zukommen lassen, mache ich zunächst einen Spaziergang zu meiner Lieblingswiese oder einer Gärtnerei, um Gräser zu sammeln oder ein Töpfchen Glücksklee zu kaufen. Zu Hause gestalte ich mit ihnen eine herrlich altmodische Geburtstagskarte. Das Wohlgefühl, das dabei in mir aufsteigt, hat zwei Facetten: Die Beschäftigung mit Pflanzen, Papier und Schere erfüllt mich mit großer Zufriedenheit, ja Glück, wenn das Ergebnis vor mir auf dem Tisch liegt. Dazu male ich mir aus, wie die Empfängerin meiner Glückwünsche schmunzeln, vielleicht sogar staunen wird, wenn sie die Karte in Händen hält. Ich genieße solche Augenblicke sehr.

Auch ich ertappe mich oft bei der weitverbreiteten Vorstellung, daß nur das wirklich wertvoll ist, was unter Mühen und Ächzen erreicht wurde. Diese Haltung schlägt sich auch in der Sprache nieder: Wir ackern wie ein Pferd, unterziehen uns einer Ochsentour, lassen uns vor jeden Karren spannen und seufzen unter manchem Joch. Warum sollten wir nicht zur Abwechslung einmal wie Mauerschwalben durch den Tag segeln, uns wie Katzen wohlig in der Sonne räkeln oder wie ein Schmetterling aufregenden Düften hinterherfliegen? Warum hat alles Schwerelose, alles nicht mit einem unmittelbaren Zweck Verbundene, warum hat alles Fliegen, Segeln und Räkeln für uns immer schon den Ruch bedenklicher Oberflächlichkeit? Wie gerne möchte ich Ochsen und Ackergäule vergessen und mich in der Kunst üben, in allem, was ich tue, die Leichtigkeit zu suchen!

An den Garten meiner Großmutter grenzte ein alter Schulhof, in dem noch heute eine Linde steht. In meiner Kindheit war sie so klein, daß ich mühelos in ihre Krone klettern konnte, doch ihr Blätterdach war bereits dicht genug, um mir ein sicheres Versteck zu bieten. Ich konnte stundenlang in dieser Linde sitzen und meinen Gedanken nachhängen. Fast immer kreisten sie um große Kinderfragen, die kein Erwachsener beantworten kann. Auch ich fand keine Antworten darauf, was mich nicht weiter kümmerte. Im Gegenteil: Jedes Ergebnis hätte mein Vergnügen am Philosophieren geschmälert, meiner Phantasie eine Farbe geraubt.
In den seltenen Momenten der Muße, in denen ich nichts anderes möchte als dasitzen und meine Gedanken ziehen lassen, kann es geschehen, daß die Bilder und Gefühle von damals wieder in mir aufsteigen. Diese Erinnerung hat nichts Sentimentales. Sie bestätigt mir lediglich, daß das Denken dort seine Heimat hat, wo ich mich wohl fühle.

Sei es der Biß in eine Madeleine, ein besonderer Geruch oder etwas anderes – oft genügt eine Kleinigkeit, um einem den Geschmack der Vergangenheit wieder in Erinnerung zu rufen. Bei mir sind es alte Platten, Lieder aus früheren Zeiten. Da tauchen Menschen vor meinem inneren Auge auf, die längst keine Rolle mehr in meinem Leben spielen, da steigt mir der Geruch von harzigem Rauch in die Nase, und ich sehe mich wieder mit Freunden ums Lagerfeuer sitzen, da läßt diese Sommermusik die Gluthitze wieder aufwallen, die Autofahrten in den Süden begleitete ... Solche verträumten, heiteren, ausgelassenen, manchmal melancholischen Stimmungen durchrieseln meinen Körper, und wenn sie mich auch ein wenig nachdenklich stimmen, geben sie mir doch ein Gefühl von Ganzheit: Ich trage die ganze Fülle des Lebens in mir.

In der Abenddämmerung dem Gesang der Amseln lauschen. Dem Tanz der Schwalben mit den Augen folgen und sich wünschen, einmal mit ihnen fliegen zu können. Sich vom Lauf der Sonne über die Unwiederbringlichkeit des Augenblicks belehren lassen und darüber nicht in Melancholie verfallen. Es wird in meinem Leben immer Momente geben, in denen der Alltag hinter das Wesen der Dinge zurücktritt und mir Momente vollkommener Harmonie zuteil werden läßt. Dieses Wissen ermöglicht mir, die Bilder jener Wirklichkeit hinter der Wirklichkeit ruhig zu betrachten und ihr Vorüberziehen ohne Bedauern geschehen zu lassen. Sie sind da, wenn ich sie brauche. Um mir Zutritt zu ihnen zu verschaffen, muß ich nichts weiter tun, als ihnen für eine Weile meine Aufmerksamkeit zu schenken – und abzuwarten, was geschieht.

An klaren Herbsttagen, wenn jede Kontur wie mit dem Messer geschnitten erscheint, sagt mir ein mildes Licht, daß Schärfe und Weichheit einander nicht ausschließen. Dieser Gedanke stimmt mich versöhnlicher, wenn einander widersprechende Gefühle mich aufzureiben und mir die Ruhe zu rauben drohen. Ich versuche, mich dann auf ein Drittes zu besinnen, das die Gegensätze in sich vereint – wie ein Regenbogen – oder sie zum Ausbruch kommen läßt – wie ein Gewitter zum Beispiel. So gestehe ich mir von Zeit zu Zeit ein „Donnerwetter“ zu, selbst wenn meine ganze Familie darunter zu leiden hat, denn es ist ungeheuer entlastend, auch für meine Mitmenschen, denen ich danach wieder entspannt gegenübertreten kann. Einen Regenbogen zu zaubern gelingt mir nur selten. Um so glücklicher macht es mich, wenn sich am Rand meines Blickfeldes seine Konturen abzuzeichnen beginnen.

Der Wind war schon in Kindertagen ein launischer Freund, der mich zu ausgelassenem Spiel einlud. Mal zerrte er an mir, mal trieb er mich vor sich her, zauste mein Haar oder suchte mich zu fangen – sein Sausen trieb mir die Röte ins Gesicht, sein Ungestüm sprang wie ein Funke auf mich über, ließ mich mit wilden Sprüngen über die Wiesen rennen, die Arme ausbreiten, um vielleicht doch, eines Tages, die Lüfte zu erobern wie mein Drachen hoch oben, der tanzte und tanzte, am Himmel Purzelbäume schlug, bis uns beiden, dem Wind und mir, die Puste ausging …
Die zitternden Lungen mit Atem füllen. Die Stille zurückkehren lassen. Lauschen, wie das Herz von Galopp in Schritt fällt. Stehenbleiben. Glücklich sein.

Als ich nach Hause kam, waren unsere Freunde abgereist. Zwei abwechslungsreiche Wochen lang hatten sie mit uns gelebt und gelacht, zwei Wochen, die mit Gesprächen bis tief in die Nacht, gemeinsamen Mahlzeiten und Unternehmungen zum Bersten gefüllt waren. Obwohl ich wußte, daß mir die Wohnung ohne sie seltsam verlassen vorkommen würde, freute ich mich auf die ungewohnte Leere. Unsere Besucher jedoch hatten Spuren hinterlassen. Alle Fenster waren blitzsauber, und auf dem Tisch lag ein Abschiedsgruß: „Für dich! Statt Blumen." Sie wußten, daß ich höchst ungern Fenster putze, und hatten sich denken können, daß ihr Geschenk mich begeistern würde. Wie wohl ich mich plötzlich in meiner neuen alten Umgebung fühlte!

Wenn es mir gelingt, im Kleinen das Große, im Geringen die Fülle zu sehen, wird der Mißmut bei mir keine Bleibe finden. Ein Samenkorn, das auf die Erde fällt, birgt unter seiner spröden, unscheinbaren Schale ein grünes Universum. Jeder Mensch, der geboren wird, ist mit Gaben gesegnet, die zum Ausdruck zu bringen ihn glücklich machen wird. Das gilt auch für mich. Dennoch laufe ich häufig Gefahr, diesen Reichtum an Möglichkeiten nur in anderen, nicht aber in mir selbst zu entdecken. Vielleicht liegt das daran, daß ich dazu neige, Fülle mit Perfektion zu verwechseln. Doch wie ein Baum, der reiche Früchte trägt, nicht unbedingt perfekt gewachsen sein muß, brauche auch ich nicht in allem Vollkommenheit zu erlangen. So kann ich am Erproben meiner Möglichkeiten Freude finden, ohne mir Zwang aufzuerlegen.

Mit meinen Kindern habe ich neu gelernt, wie wohltuend feste Gewohnheiten sein können: die tägliche Gutenachtgeschichte; das immergleiche kleine Trostlied, das noch aus meiner Kindheit stammt, zu singen bei aufgeschlagenen Knien und anderen Widrigkeiten des Lebens; das herbstliche Kartoffelfeuer bei den Großeltern auf dem Land, der mit Lebkuchen und Kakao würdig begangene erste Advent, an dem unbedingt die alte Pyramide aus dem Erzgebirge vom Speicher geholt und aufgebaut werden mußte, auch wenn sie jedes Jahr ein wenig ramponierter aussah ... Inzwischen hänge ich an diesen kleinen und großen Ritualen. Sie helfen uns, die Beständigkeit im Wechsel, die eigene Verankerung im pulsierenden Rhythmus des Lebens zu spüren.

Die Fähigkeit, mich wohl zu fühlen, verdanke ich nicht zuletzt einem fröhlichen Verbündeten der Lebensfreude: dem Humor. Schon seine „Lebensäußerungen" – Schmunzeln, Glucksen, lautes Lachen – vertreiben alles Gepreßte, Verkrampfte aus der Stimme und eröffnen in scheinbar verfahrenen Situationen neuen Spielraum: Wo Platz ist für ein Lachen, ist auch Platz für einen neuen Gedanken, vielleicht gar für einen genialen Einfall.

Für mich ist Humor die sympathischste Form von Distanz, denn er läßt mich andere und mich selbst in einem klaren, aber milden Licht betrachten. Weder beißt er wie der Spott, noch trifft er wie die Ironie. Geht es mir gut, kann er mir Tage voller Gelächter schenken; geht es mir schlecht, besänftigt er das Wüten der Welt.

Wenn ich alt bin, werde ich mich dann noch wohl fühlen können? Oder werden mich Schmerzen plagen, wird mein Geist dahindämmern, mein Lebensmut verbraucht sein? Sooft ich mir diese Fragen auch stelle – sie lassen sich nicht beantworten. Ich kann mir nicht einmal sicher sein, überhaupt „alt" zu werden. Wie nahe liegt da die Schlußfolgerung, das Heute um so mehr zu genießen. Sie ist so banal wie illusorisch, auf eine gewisse Weise sogar zynisch. Kein Mensch ist in der Lage, jeden einzelnen Tag voll auszukosten. Paradoxerweise vereitelt gerade das immerwährende Nachdenken über das eigene Wohlbefinden das Aufkommen von Zufriedenheit. Glücklicherweise steht es mir frei, ein abgedroschenes Rezept einfach in den Papierkorb zu werfen. Ich muß nicht jeden Tag genießen können, um mich wohl zu fühlen.

Daß die Tage nun kürzer werden, Rauhreif und Nebel sich über das Land legen, sollte mich nicht mit Melancholie erfüllen. Über dem Nebel strahlt eine milde Sonne, die sich im Untergehen in einem Flammenmeer verströmt. Es ist, als wisse die Natur, daß sie das, was sie uns nimmt, gegen etwas anderes eintauschen muß, um uns nicht traurig zu stimmen: die Wärme des Sommers gegen Äpfel und Nüsse, das gleißende Licht gegen ein herbstliches Farbenkonzert, das Grün gegen Gold und das Rot gegen Weiß.

Auch wenn ich mich nicht auf den Winter freue, möchte ich ihm mit offenen Sinnen entgegengehen – wenn schon nicht vergnügt, so wenigstens gelassen. Sicherlich werde ich dann die ein oder andere Nuß auf meinem Weg entdecken.

In Gespräche eintauchen, als wären es tiefe, schillernde Seen, deren Grund ich erforschen möchte, mich in Stunden des Beisammenseins trunken reden – das kann ich nur mit einigen wenigen Menschen, denen ich mich seelisch verwandt fühle. Sicher teilen wir nicht sämtliche Ansichten, haben vielleicht unterschiedliche Lebensformen gewählt, aber eines teilen wir gewiß: die Sprache. Dieselbe Sprache zu sprechen ist keine Frage der Nationalität, sondern eine Frage von Empfindungen und Assoziationen, die Worte begleiten und uns etwa ein Bild im gleichen Licht, ein Gefühl in der gleichen Farbe sehen lassen.

Die Entdeckung einer Seelenverwandtschaft ist etwas so Beglückendes, sie selbst etwas so Einzigartiges, daß wir uns ein Leben lang um ihr Fortbestehen bemühen sollten.

Die Nacht bricht an. Nach einer kurzen Dämmerung sind die Gerüche und Geräusche des Tages zerstoben, wie Regentropfen zerstieben, wenn sie auf heißen Asphalt treffen. Die Dunkelheit beginnt zu atmen. Schwaden von Lindenblütenduft ziehen durch unseren Garten, zum Greifen nah. In den Baumkronen flüstert der Wind.
Mit klarer, leiser Stimme beginnt die Nacht ihr Lied zu singen. Sachte hebt es mich empor und trägt mich davon, um mich in einem anderen Reich aus seinen Schwingen zu entlassen.
Gibt es etwas Schöneres, als der Nacht zu lauschen?

50 Inspirationen,
das Leben zu verändern

Von Hannah Valentin sind in gleicher Ausstattung erschienen:

50 gute Gründe, heute gelassen zu bleiben
ISBN 3-451-27158-3

50 gute Gründe, heute glücklich zu sein
ISBN 3-451-27157-5

50 gute Gründe, heute den Tag zu genießen
ISBN 3-451-27228-8

50 gute Gründe, sich heute Zeit zu nehmen
ISBN 3-451-27229-6

50 gute Gründe, heute optimistisch zu sein
ISBN 3-451-27532-5

50 gute Gründe, heute dein Leben zu lieben
ISBN 3-451-27809-X

Buchgestaltung: hoyerdesign grafik gmbh, Freiburg
Herstellung: L.E.G.O. Olivotto S.P.A., Vicenza 2001

ISBN 3-451-27533-3

„**Sonnenstrahlen**“
Ermutigende Gedanken von Phil Bosmans im Verlag Herder

Phil Bosmans/Florian Werner:

Sonnenstrahlen der Freundschaft
ISBN 3-451-26316-5

Sonnenstrahlen der Liebe
ISBN 3-451-26315-7

Sonnenstrahlen der Freude
ISBN 3-451-26076-X

Sonnenstrahlen des Herzens
ISBN 3-451-26079-4

Phil Bosmans/Werner Richner:

Sonnenstrahlen des Glücks
ISBN 3-451-26077-8

Sonnenstrahlen der Hoffnung
ISBN 3-451-26078-6

Sonnenstrahlen ins Leben
ISBN 3-451-26447-1

Sonnenstrahlen der Schöpfung
ISBN 3-451-26446-3

Auf dem Weg zu sich selbst
Spirituelle Kostbarkeiten von Hans Kruppa
im Verlag Herder

Amanda und das Zauberbuch
ISBN 3-451-27162-1

Kaito
ISBN 3-451-27400-0

Sternschnuppen
ISBN 3-451-26588-5